LA BIBLIA

LIBRO DE COLOREAR PARA NIÑOS

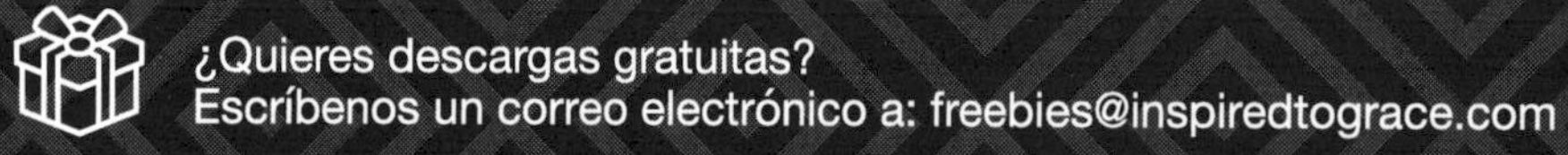
¿Quieres descargas gratuitas?
Escríbenos un correo electrónico a: freebies@inspiredtograce.com

@inspiredtograce

Inspired To Grace

Compra todos nuestros libros en
www.inspiredtograce.com/es

Distribución al por mayor a través de Ingram Content Group
www.ingramcontent.com/publishers/distribution/wholesale

Preguntas y Servicio de atención al cliente
Escríbenos un correo electrónico a:
support@inspiredtograce.com

ESTE LIBRO PERTENECE A:

____

____

En el principio creó Dios
los cielos y la tierra

Génesis 1:1

El hombre llamó Eva a su mujer,
porque ella sería la madre de todo
ser viviente

Génesis 3:20

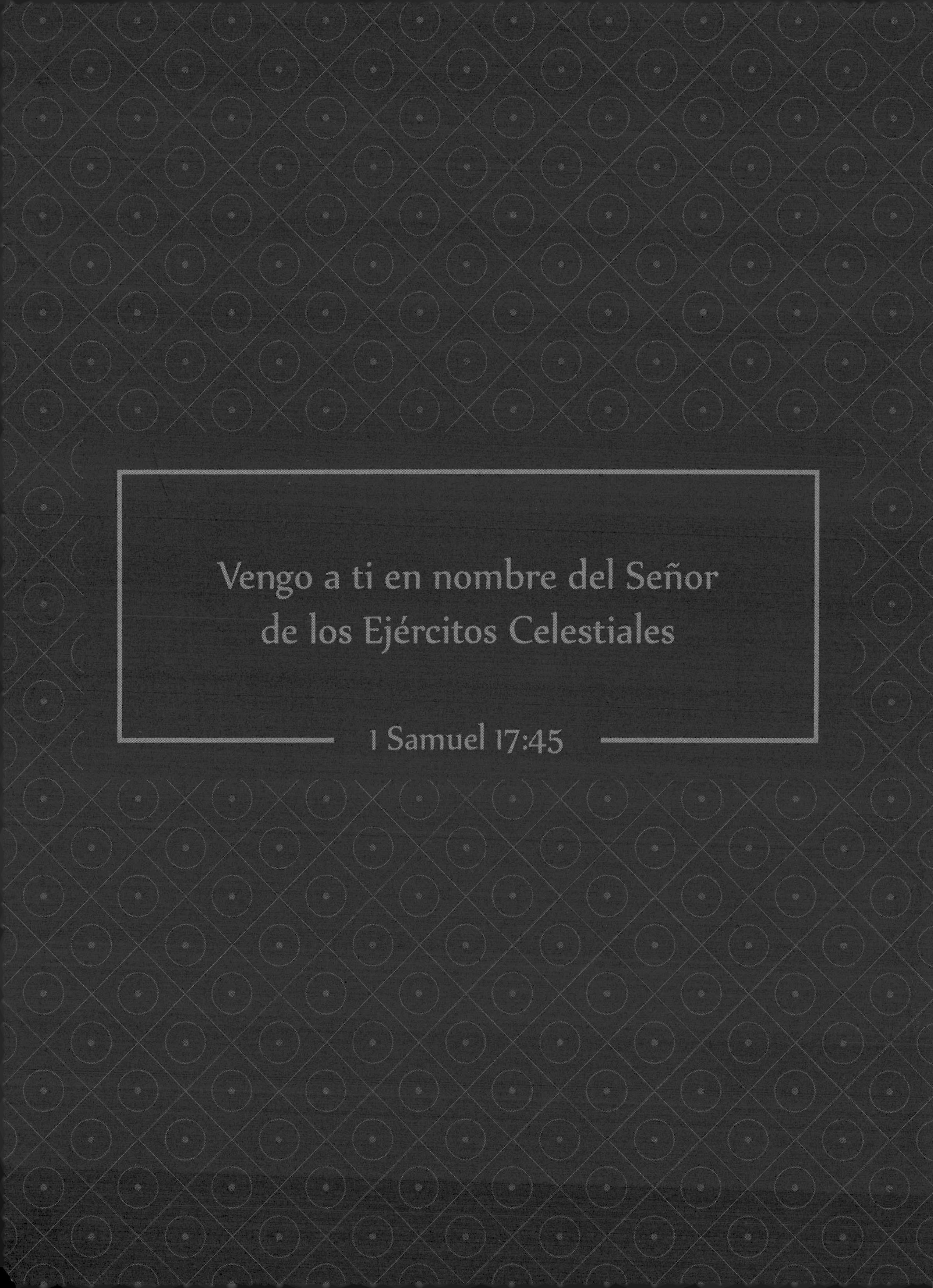
Vengo a ti en nombre del Señor
de los Ejércitos Celestiales
1 Samuel 17:45

María dará a luz un hijo,
y le pondrás por nombre Jesús

Mateo 1:21

Alegraos conmigo,
porque he encontrado mi oveja
que se había perdido

Lucas 15:6

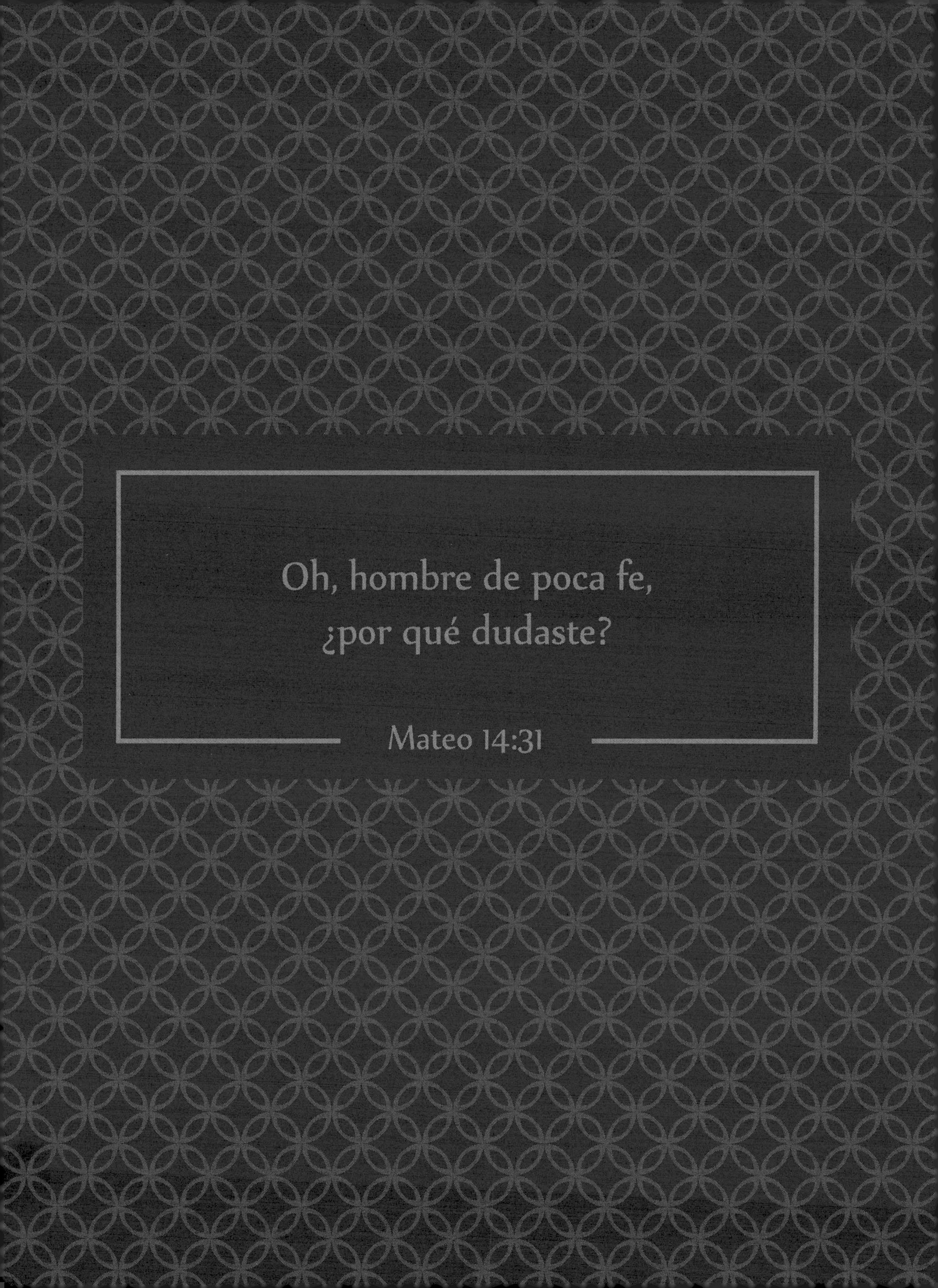
Oh, hombre de poca fe,
¿por qué dudaste?
Mateo 14:31

Y levantándose, reprendió
al viento, y dijo al mar: ¡Cálmate,
sosiégate! Y el viento cesó,
y sobrevino una gran calma

Marcos 4:39

Y les aseguro que estaré con ustedes siempre, hasta el fin del mundo

Mateo 28:20

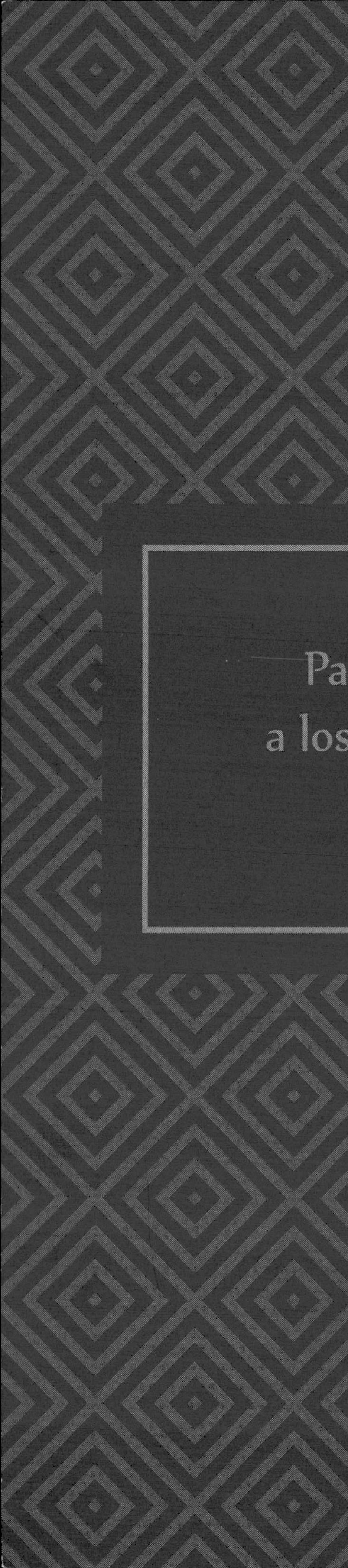

Entonces Noé hizo todo exactamente
como Dios se lo había ordenado

Génesis 6:22

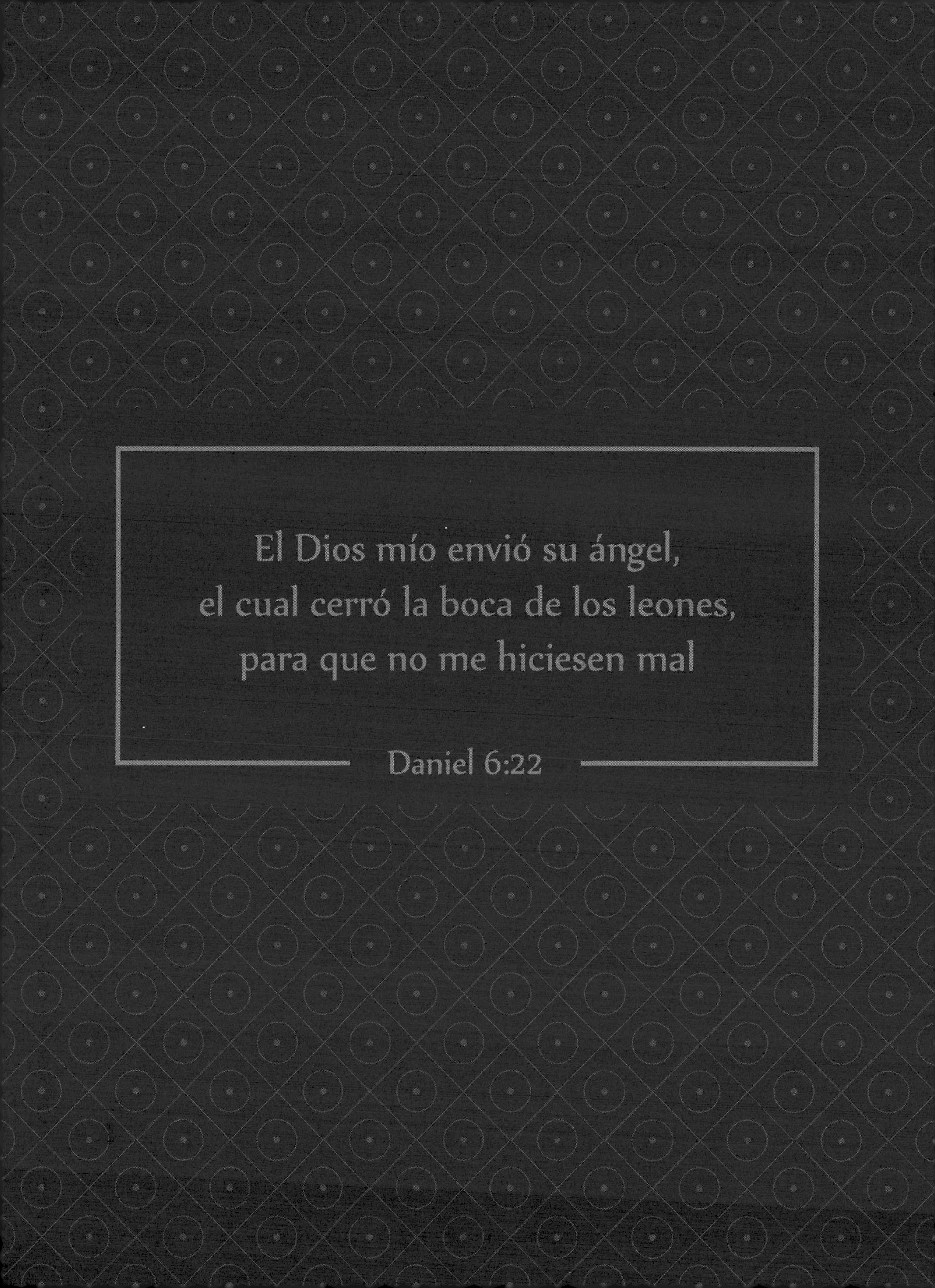
El Dios mío envió su ángel,
el cual cerró la boca de los leones,
para que no me hiciesen mal
Daniel 6:22

Y el Señor dispuso un gran pez que se tragara a Jonás; y Jonás estuvo en el vientre del pez tres días y tres noches

Jonás 1:17

Entonces les tocó los ojos y les dijo:
– Que se haga con ustedes conforme
a su fe.

Mateo 9:29

"¡Lázaro, ven fuera!"
Juan 11:43

¡Tú has guardado el buen
vino hasta ahora!

Juan 2:10

Y parió a su hijo primogénito,
y le envolvió en pañales, y le acostó
en un pesebre

Lucas 2:7

Lo llamó Moisés, pues explicó:
«Lo saqué del agua»
Éxodo 2:10

Algunas semillas cayeron
en buen terreno, en el que se dio
una cosecha que rindió treinta,
sesenta y hasta cien veces más
de lo que se había sembrado

Mateo 13:8

Traed la mejor ropa y vestidlo,
y poned un anillo en su mano
y sandalias en los pies
Lucas 15:22

Todos los que beban del agua
que yo les doy no tendrán sed jamás

Juan 4:13-14

Bienaventurados los de limpio corazón; porque ellos verán a Dios

Mateo 5:8

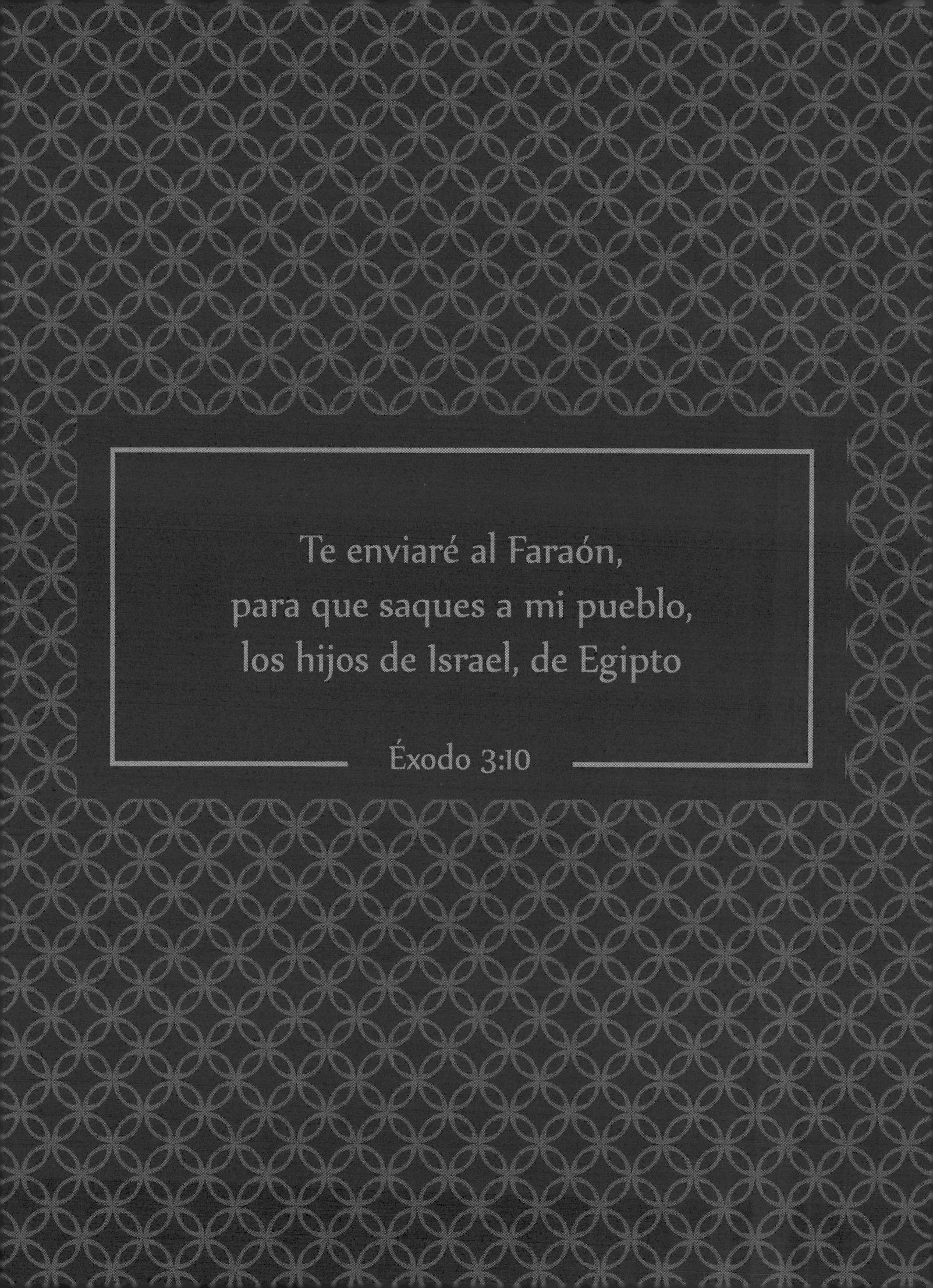
Te enviaré al Faraón,
para que saques a mi pueblo,
los hijos de Israel, de Egipto
Éxodo 3:10

Amarás a tu prójimo como a ti mismo

Mateo 22:39

No tengan miedo.
Solo quédense quietos y observen
cómo el Señor los rescatará

Éxodo 14:13

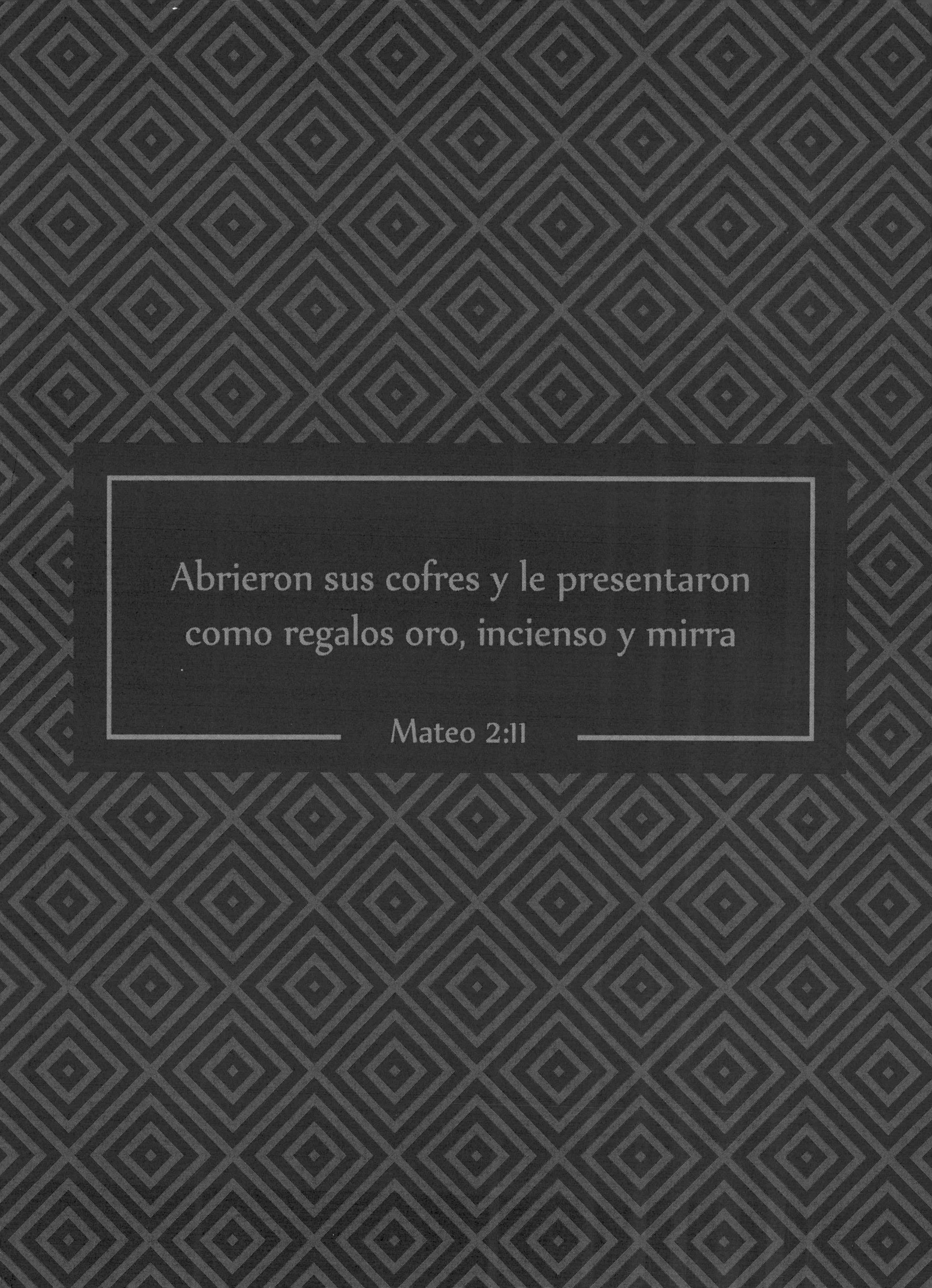
Abrieron sus cofres y le presentaron
como regalos oro, incienso y mirra
Mateo 2:11

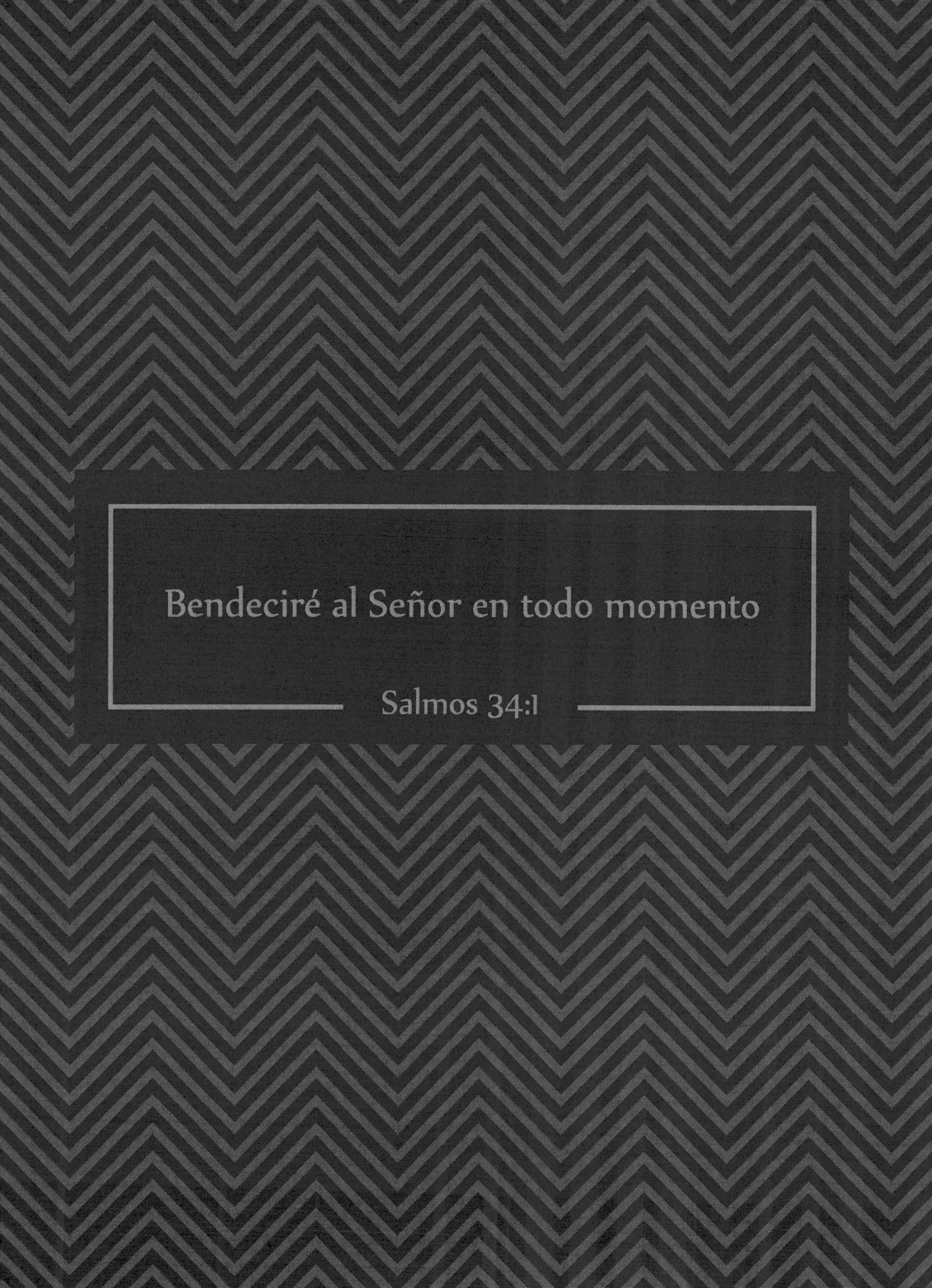
Bendeciré al Señor en todo momento
Salmos 34:1

Este es el día que el Señor ha hecho;
regocijémonos y alegrémonos en él
Salmos 118:24

No temeré mal alguno,
porque tú estarás conmigo

Salmos 23:4

¡Gracias por hacerme tan
maravillosamente complejo!

Salmos 139:14

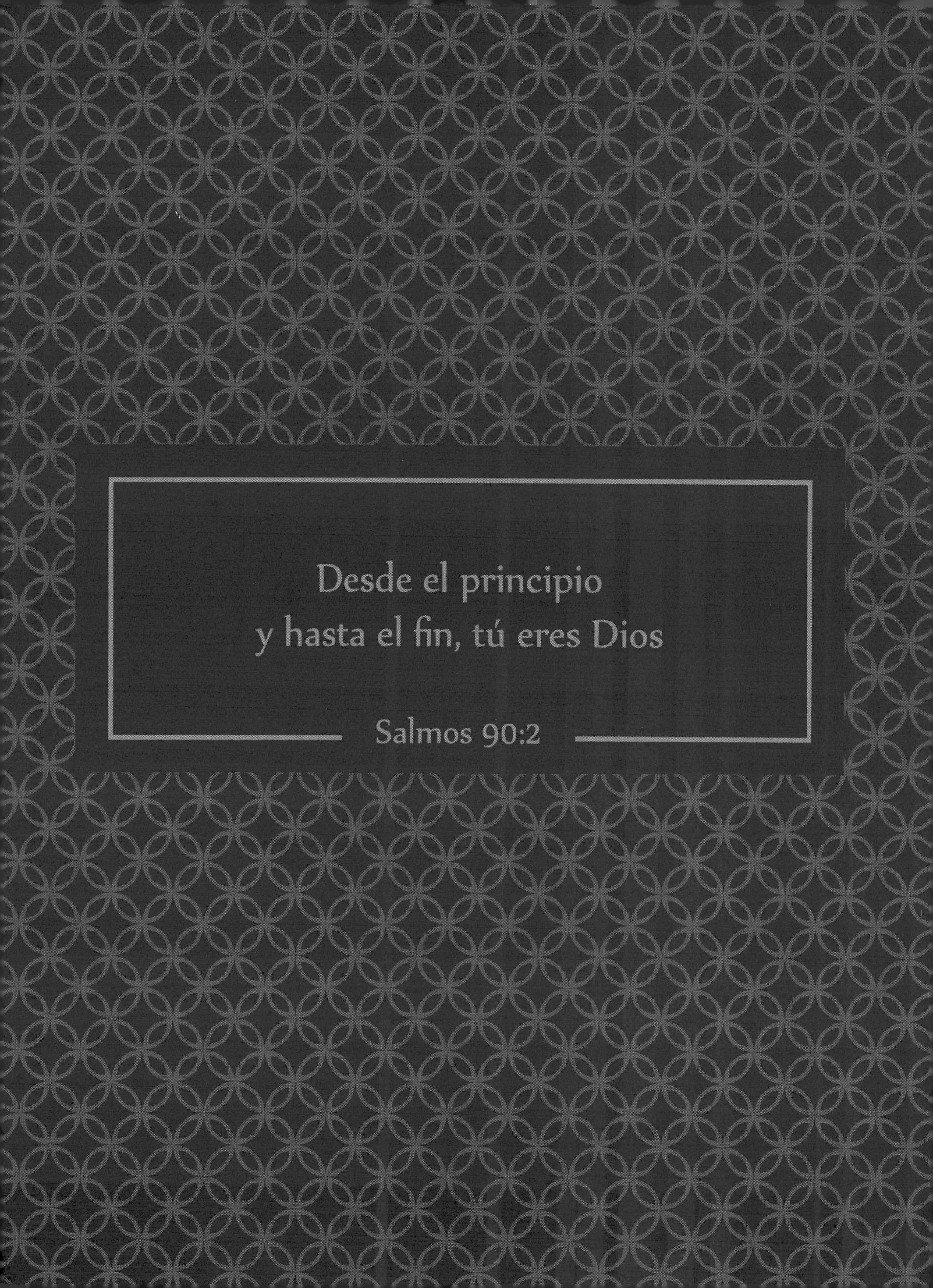
Desde el principio
y hasta el fin, tú eres Dios
Salmos 90:2

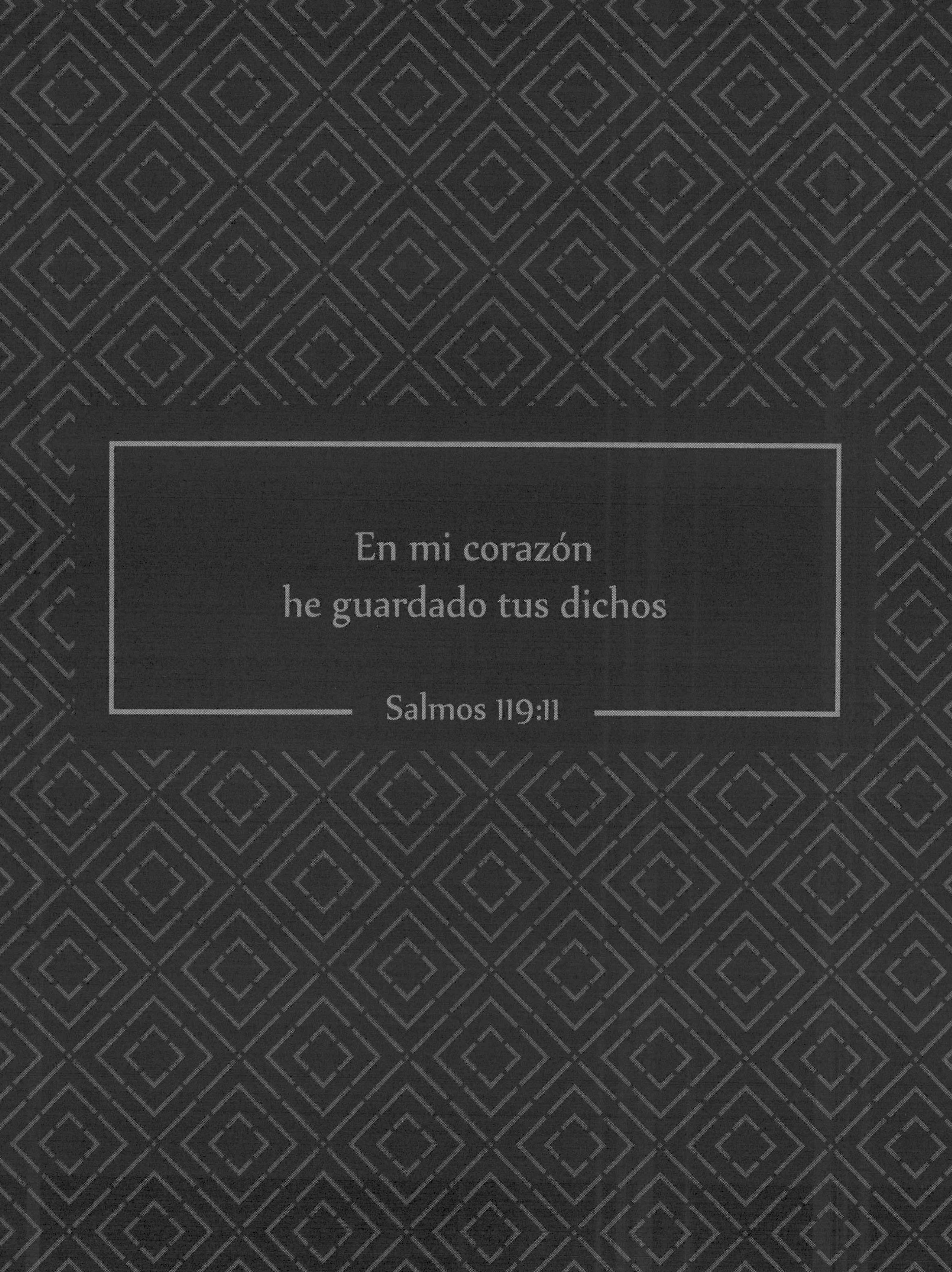
En mi corazón
he guardado tus dichos
Salmos 119:11

El Señor es mi luz y mi salvación
Salmos 27:1

El Señor es mi pastor
Salmos 23:1

Tu palabra es una lámpara a mis pies;
es una luz en mi sendero

Salmos 119:105

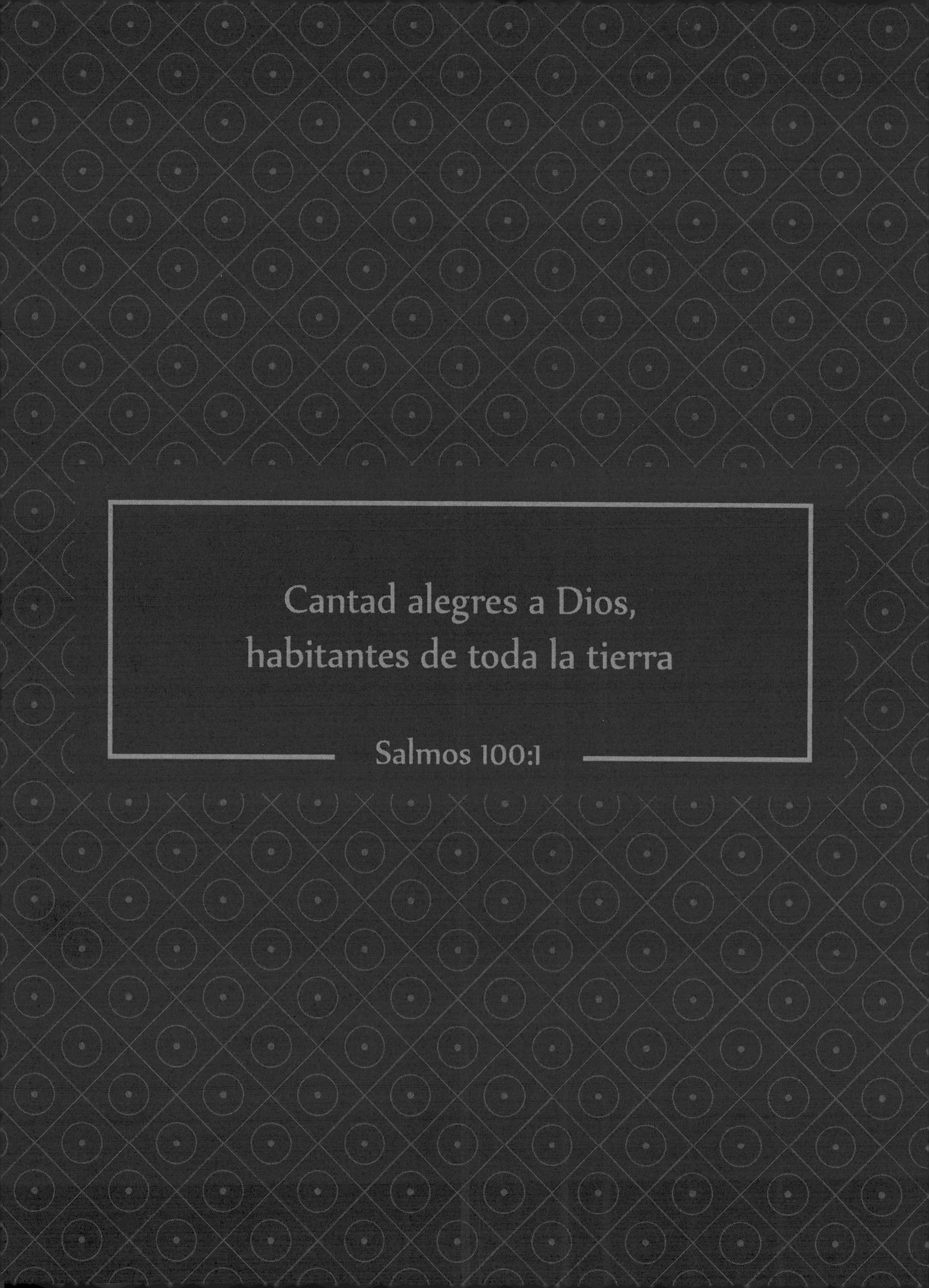
Cantad alegres a Dios,
habitantes de toda la tierra
Salmos 100:1

Manufactured by Amazon.ca
Bolton, ON

25582019R00042